这就是数学

根据汤姆·莱勒的歌词创作

[英]克里斯·史密斯　编著
[拉脱]艾琳娜·布拉斯莉娜　绘
范晓星　译

书后附有答案、家长手册、词汇表

科学普及出版社
·北　京·

关于汤姆·莱勒和他的歌曲

汤姆·莱勒是美国歌唱家兼词曲作者、音乐家、讽刺幽默大师、数学家和全能天才。1959年，在哈佛大学时，他表演了自己创作的一首“完全无厘头”的歌曲——《元素》，顿时技惊四座。这首歌里包含了元素周期表里面所有化学元素的名称。丹尼尔·拉德克利夫（电影《哈利·波特》中哈利的扮演者）在2020年的一档电视节目中表演了这首歌，并称莱勒为“20世纪最聪明和最幽默的人”。

汤姆·莱勒共谱写了约50首歌曲，并且总结了数学与音乐的关联。“逻辑思维、精确严谨，是数学与作词的相同点，”他说，“写歌就像拼图一样。”

2020年，汤姆·莱勒授权所有人使用、表演或出版他的歌词。因此，我作为一名音乐家兼数学爱好者，就演绎了汤姆·莱勒创作的《这就是数学》这首歌——由一群狂热的数学家组成的明星乐队担任演唱者，由我来钢琴伴奏。演唱关于数学的歌听起来似乎很奇怪，但我们的那段演唱视频却得到了广泛传播，视频中所有的演唱者都想大声唱出一个信息：数学就在我们周围，我们在不知不觉中使用了数学，数学是美妙生动的、令人激动的学科，而我们的歌曲也成为创作这本书的灵感之源。我希望汤姆的歌词、伊琳娜俏皮风趣的插图，以及我本人为小读者和家长们设计的数学游戏能令你喜欢。而在这之后，当你看到生活中一些有趣的事时，会大声说：“这就是数学！”

克里斯·史密斯

2018年苏格兰年度教师奖得主

汤姆·莱勒正在演奏

这就是数学

汤姆·莱勒创作的歌词

当你睡不着，就来数数羊；
试着平均分，当你要分享；
折叠要对齐，当你折纸张；
这就是数学！

当你扔一个球从墙上弹回来，
当你按照食谱做出好吃的菜，
当你知道购物时要付多少钱，
这就是数学！

当你用大象的耳朵装金子，猜猜你能装多少？
当月球上是正午时分，你这里又是什么时间？
当你能数一整年，你会数到无穷大，
还是接近那个范围？

当你选择用多少面值的邮票，
当你知道下雪的概率有多少，
当你下注，最终会负债累累，
噢，你尽管去尝试，
无论在哪儿，你都离不开数学！

打着节拍，一起跺跺脚，
跟着节奏，你放声歌唱，
和同伴一起来合唱乐章。
是的，你尽管去尝试，
无论在哪儿，你都离不开数学！

当你睡不着，就来数数羊

数数也许是你学会的第一个跟数学有关的事。简单地说，数数就是我们给事物编号，算出事物的总数是多少。

试一试

请把1到10（或者20）这些数字分别写在一些小纸片上，并将它们打乱。你可以用多快的时间将这些小纸片按顺序排好？

呆呆羊马戏团开始演出啦！

你认为按三角形叠罗汉排列的羊容易数，还是按四方阵队列排列的羊容易数？如果你想看一个更高的叠罗汉表演，还需要几只羊上场？如果要摆出一个更大的四方阵造型，还需要几只羊加入？

动动脑

上面有一组羊的队形塌了，你数数这里有几只羊摔下来了。

它们是在表演叠罗汉，还是四方阵呢？

当你要分享，
请试着平均分配

试一试

我们来看这块巧克力。它被分成了几小块呢？如果3个小朋友来平均分这块巧克力，每个人可以得到多少小块？如果是2个小朋友、4个或是6个小朋友来分享，每个人又可以分到多少小块呢？

在数学里，分享的含义是将数字分成均等的几个部分，这就叫作除法。所有偶数可以被2整除，所以任何双数的物品都可以平均分配给两个人。像是6个气球、8根狗骨头或者2根棒棒糖。

动动脑

有些数字，例如12，可以很容易地被平均分配，可是碰上5、7或11这样的数字怎么办呢？例如，7根香蕉只可以被7只猴子均分。这些大于1，且只可以被本身或者1整除的自然数，叫作质数。

你还能列举出其他50以内的质数吗？

当你折纸张，可以做到整整齐齐

试一试

找一张纸，沿着中线向下折叠。
将折纸翻开，你注意到什么？

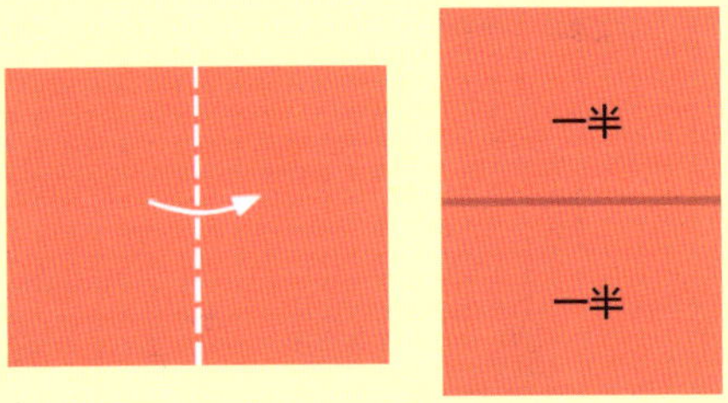

折痕将纸分为两半。
将纸重新折好，再竖着折一次。

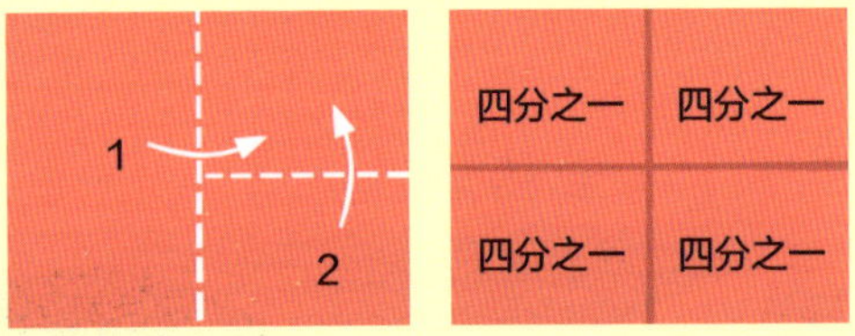

这一次，当你打开纸，折痕将纸分成了四等份。

如果将这张纸再折一次呢，看看会是什么样子？

折纸跟很多数学概念有关：

- **对称**（折叠起来的每个部分大小都一样吗？）
- **分数**（你最后得到几个相同的部分？）
- **维度**（当我们将平面形状折叠，能得到什么立体形状？）

当你下次用纸折出有趣的动物或者纸飞机的时候——请注意，这就是数学！

动动脑

以下这些平面图形折叠起来分别对应哪个立体形状？

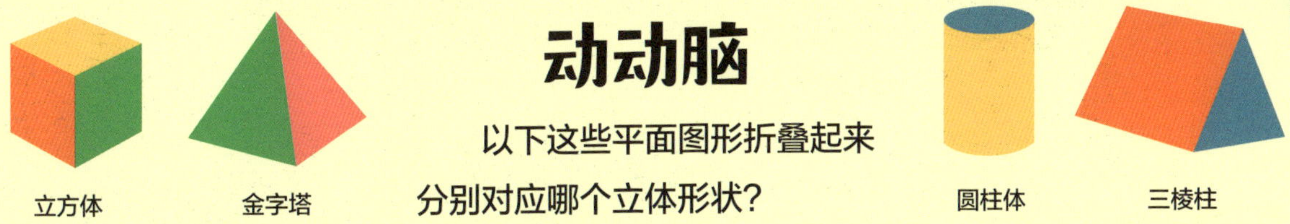

当你往墙上扔一个球时，它会反弹回来

动动脑

看这页上写的所有角度数值，说说哪些是锐角，哪些是直角或钝角？

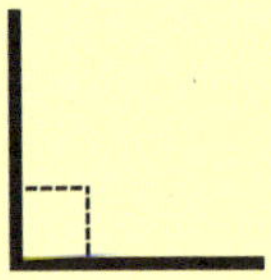

直角是正好等于90° 的角

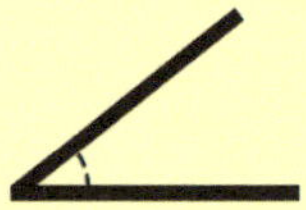

锐角是小于90° 的角

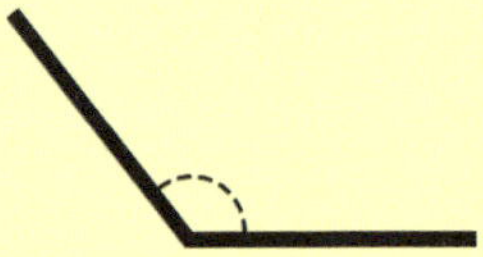

钝角是在90° 和180° 之间的角

当你往墙上扔一个球的时候，它会以某个角度反弹回来。角度是用来描述角的大小的，表示角的大小的单位是度，用符号“°”来表示。如果你原地转一整圈，就是转了360°。

转了1/4圈就是90°，这叫一个直角。

1+1=有趣!

试一试

和朋友们一起来玩一个转起来的游戏吧！一个人喊出一个角度和方向，其他人立即作出反应，转到相应的角度。例如，“向右转90°”。如果你转错了，就要坐下来。站到最后的人就是胜利者！

可以让你的小伙伴转晕的角度：

转半圈是180°

转整圈是360°

转两圈是720°

转三圈是1080°

当你想做出美食，最好按食谱来

试一试

要测量以下这些值，需要用哪种工具？

- 300毫升牛奶
- 500克面粉
- 搅拌15秒
- 果酱的温度
- 圆盘的直径
- 托盘的长度

在按照食谱做美食之前，你需要列出所需的食材清单，测量每种食材的**重量**、**长度**、**宽度**、**体积**或者**数量**。你还要确定已将烤箱设定在合适的**温度**，你设定的时间是准确的。做饭和烘焙都需要用到很多数学知识！

动动脑

根据下面食谱列出的食材，可以做出一份足够4个小朋友分享的巧克力玛芬蛋糕。如果我们要做双份的巧克力玛芬蛋糕，分给8个小朋友，分别需要多少食材？

100克面粉	1个鸡蛋
10克可可粉	50毫升牛奶
3克泡打粉	1.5克香草精
50克绵白糖	100克巧克力豆
25克黄油	4个玛芬模具

当你要购物，你得知道该付多少钱

动动脑

请你算一算，每个收银台前的小朋友分别需要为各自买的东西付多少钱？谁买的东西最贵，是A、B还是C？谁买的东西花钱最少？

不论你是计划将零花钱存起来，还是在商店里花掉，对你而言，知道钱的价值或注意为你的支出记账，都是很重要的。你不会想花太多的钱。幸运的是，我们可以用数学来帮忙。

试一试

跟小伙伴们一起玩一个游戏吧。找来20枚硬币。小伙伴轮流取走1枚、2枚或是3枚硬币。最后一个拿走硬币的小朋友将赢得所有的硬币！你能想出一条策略，让你总是能在游戏中获胜吗？你找出什么规律了吗？

当你用大象的耳朵装金子，猜猜究竟能装多少？

试一试

猜一猜非洲象的耳朵有多大。它比你的手大吗？比你的头大吗？比你的身子大吗？还是和一个高个子的人一样大？

我们推测一个东西的量或值的过程，就叫作估算。估算的过程不需要写下来，快速且简单。

你的估算不可能准确无误，不过你估算得越精确，就会越接近正确答案。

动动脑

请估计一下，需要有几位小朋友才能让跷跷板平衡？现在先测测自己的体重。你能推算出需要找到几位和你体重差不多的小朋友吗？

已知一头非洲公象重6000千克。下图中物体重量的总和与非洲公象的重量相当。

12架三角钢琴

4辆小汽车

当月球上是正午，你那儿是什么时间？

试一试

宇航员的手表上显示的是美国休斯敦时间。看一下他对面3个时钟上的指针，算一算休斯敦、伦敦、麦加和孟买的时差分别是多少？

为了确保上学和去聚会不迟到，我们需要学会看时间，这时就要用到数学了。每分钟有60秒，每小时有60分钟，钟表的表面上只显示12小时，而每天有24小时。此时，你学到的12 乘法表在看时间的时候就派上用场了！

动动脑

地球上的某个地方跟另一个地方可能会有12小时的时差。比方说，上海的小朋友在吃早饭时，纽约的小朋友却到了睡觉时间。你能找到你住在地球上的哪个时区吗？与你的所在时区相差12小时的地方是哪里？

当你能数一整年，你是否能数到无穷大？

试一试

在一个计时器上设定60秒，看看在60秒内你最多可以数到几？如果给你10分钟你最多能数到几呢？

地球上有80亿左右人口，如果你想快速地数遍每个人，那恐怕你根本数不完，哪怕你能活到100岁。数到80亿会花掉很长的时间（80亿秒等于250多年），更何况地球上的人口数量每一秒都在增加！

动动脑

我们来看看一些很大的数字：

1,000	一千
1,000,000	一百万
1,000,000,000	十亿
1,000,000,000,000	一万亿

……永远没有尽头！

如果我们不停地数下去，我们永远数不到无穷大，因为无穷比任何想象的数字还要大。

我们来看一个巨大的数字，它在1后面有100个0，你知道这个数字的名称吗？（可以利用网络检索工具帮助你）。

10,000,000,000,000,000,000,000,000,000,000,000,000,000,000,000,000,000,000,000,000,000,000,000,000,000,000,000,000,000,000,000,000,000,000

当你要寄包裹，你要选择什么邮资的邮票？

用脑子计算称作心算，也就是说你可以在脑海中完成加减乘除的计算，而不需要在纸上写出计算过程。

质量	邮资（元）
0~50克（不含50克）	0.5
50~100克（不含50克）	1
100~250克（不含100克）	2
250~1千克（不含250克）	3
1千克以上（不含1千克）	4
10千克以上	8

试一试

看看这些被分拣的包裹，它们应该被放入哪个筐子里？分别需要支付多少邮费？

动动脑

请看左边4张邮票的面值，右图中有9个包裹，请算一算，每个包裹要用到哪几张邮票？每张邮票在一个包裹上只能用一次。

当你要出门，你得知道下雪的概率是多少

天气预报是用数学方法来预测未来可能发生的气象状况。请看看图中的气象预报，说说今天是什么天气？哪几位小朋友已经穿对了合适的衣服，哪些小朋友需要换衣服？

试一试

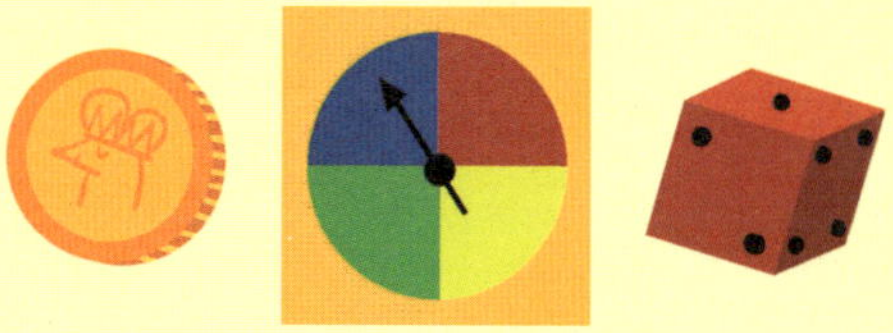

试着翻转一枚硬币、转一下转轮，或者投掷一枚骰子。

出现以下情况的机会各是多少？

- 翻到硬币的正面
- 转轮指针停在黄色部分
- 用骰子掷到5

这些问题都跟概率有关。

动动脑

以下是一周天气预报。请说一说这一周中哪天天气最热，哪天天气最冷，哪天风最大，哪天下雨概率最大？请你也来记录一下一周的天气吧！

星期一	星期二	星期三	星期四	星期五	星期六	星期日
28℃	22℃	23℃	18℃	14℃	15℃	9℃
下雨概率 0%	下雨概率 5%	下雨概率 6%	下雨概率 20%	下雨概率 80%	下雨概率 100%	下雨概率 25%
风速 3千米/小时	风速 6千米/小时	风速 7千米/小时	风速 14千米/小时	风速5千米/小时	风速 15千米/小时	风速 6千米/小时

打着节拍，一起跺跺脚

要想加入一支乐队，你得先会演奏乐器，当然还要会识乐谱，此时你就需要用到数学了。当你学会数节拍，你就可以跟上乐曲节奏。当你知道2个半音符相当于1个全音符，或者什么是1/4音符的话，你就可以开始演奏音乐了。

试一试

用固定的节奏数到20，单数时拍手（1，3，5，7……），双数时跺脚（2，4，6，8……）。

动动脑

这里有4个音符，下方的阿拉伯数字表示它们各自代表的拍数。

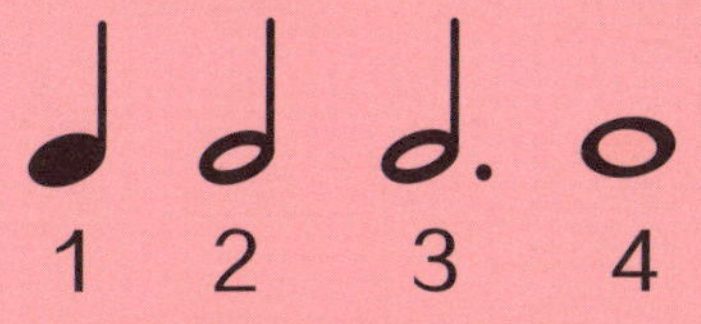

你知道在A和B两个小节里分别有几拍吗？

尽管去尝试吧，
你会发现数学无处不在！

答　案

如果想组成更大的叠罗汉或四方阵队形，各需要多少只羊？

15（叠罗汉）

25（四方阵）

哪一组羊的队形塌了？

跌落的共有10只羊，所以是最大的叠罗汉组合。

那块巧克力被分成了几小块？

12

可以有几个孩子来分享这块巧克力，该怎么分？

3个孩子，每人分得4块

2个孩子，每人分得6块

4个孩子，每人分得3块

6个孩子，每人分得2块

你还能列举出其他50以内的质数吗？

2, 3, 5, 7, 11, 13, 17, 19, 23, 29, 31, 37, 41, 43, 47

如果将纸折三次会发生什么情况？

会得到8等份的纸。

以下这些平面图形折叠起来分别对应哪个立体形状？

正方体　三棱柱　金字塔　圆柱体

哪些是锐角，哪些是直角或钝角？

90°　直角

30°、35°、40°、50°、60°　锐角

115°　钝角

要测量以下这些值，需要用到哪种工具？

牛奶——牛奶壶

面粉——秤或者量杯

搅拌秒数——计时器

温度——温度计

直径/长度——尺子

做双份巧克力玛芬蛋糕需要多少食材？

200克面粉	50克黄油	200克巧克力豆
20克可可粉	2个鸡蛋	8个玛芬模具
6克泡打粉	100毫升牛奶	
100克绵白糖	3克香草精	

每个孩子分别需要为各自买的东西付多少钱？

A = 59元（花钱最少）

B = 62元

C = 65元（花钱最多）

你能想出一条策略，让你总是能在游戏中获胜吗？

如果你每取一次硬币，所留下的硬币数是4的倍数，那么你就总能赢。所以请拿走足够多的硬币，确保剩下12枚、8枚或4枚硬币。

答 案

猜一猜非洲象的耳朵有多大。

差不多和一个高个子的人一样大。

需要几位小朋友才能让跷跷板平衡?

如果你的体重是24千克，你需要找到250位体重和你相当的小朋友才能平衡跷跷板（24×250=6000千克）。如果你的体重小于24千克，那需要找到更多小朋友。如果你的体重大于24千克，那需要少于250位的小朋友。

包裹应该被放在哪个框子里?

需要支付多少邮费?

0~1千克

200克: 2元; 999克: 3元; 100克: 1元

1千克~10千克

2千克: 4元; 9千克: 4元; 1.1千克: 4元

10千克以上

10.02千克: 8元; 17千克: 8元; 13千克: 8元

9个包裹各需要用到哪几张邮票?

2 + 1 = 3	8 + 2 = 10
4 + 1 = 5	8 + 4 = 12
4 + 2 = 6	8 + 4 + 1 = 13
4 + 2 + 1 = 7	8 + 4 + 2 + 1 = 15
8 + 1 = 9	

现在美国休斯敦（NASA宇航中心）、英国伦敦、沙特阿拉伯麦加，以及印度孟买之间的时差分别是多少?

休斯敦和伦敦的时差为5小时

休斯敦和麦加的时差为8小时

休斯敦和孟买的时差为10.5小时

伦敦和麦加的时差为3小时

麦加和孟买的时差为2.5小时

注：各地区时差因一些国家（不是世界上所有国家）实行夏令时而有所不同。

出现以下情况的概率各是多少?

硬币：二分之一的概率

转盘：四分之一的概率

骰子：六分之一的概率

一周的天气中哪一天……?

最热：星期一(28℃)

最冷：星期日(9℃)

风最大：星期六(15千米/小时)

下雨概率最大：星期六(100%)

1后面有100个零，你知道这个数字的名称吗?

1古戈尔（A googol）

注：谷歌英文名google即以此命名。

你知道在A和B两个小节里分别有几拍吗?

A

4 + 3 + 1 = 8

B

2 + 2 + 1 + 1 = 6

家长手册

这本书根据小读者的年龄和理解程度，可以从不同角度来阅读。阅读歌词和唱这首歌，讨论插图，或者挑战一下书里的小游戏都会很有趣。让小读者根据自己的喜好去探索这本书，做他们想做的游戏。讨论、探索、出现错误，都可以帮助他们建立推理和解决问题的能力。

数数羊……数数和数字顺序

儿童通过重复来学习数数，所以你可以利用家中的物品来帮他们练习数数，先从1数到10、20、50，然后更换每件物品的数量，以10为单位，数到100，再从100倒数回来。帮助他们认识数位，通过游戏建立数字顺序概念。

平均分配……分数和除法

就连很小的孩子，都会注意到他们的兄弟姐妹分到了一块更大的蛋糕（更大的一部分）或者他们分到了较少的那一份（不均等分配）。鼓励他们与人分享，学习使用一半、四分之一、四分之三及整个等数学词汇。

折纸……对称和形状

折纸是潜移默化学习几何的一种巧妙方式。用平面的纸可以制作出立体形状，既新颖又有成就感。这个过程中也需要做到细致和精准——这些都是学习数学所需要的能力。

当你扔一个球……几何

许多体育项目都需要理解角度、距离、速度及旋转的概念。孩子们在踢球射门、玩模仿游戏或是打迷你高尔夫时，可以轻松掌握这些概念。引导他们了解直角或者旋转90°的概念，他们就会掌握基础的几何知识。

当你按照食谱做出好吃的菜……测量

用卷尺来测量，确定某件物品比一米更长还是更短；用计时器来计算一分钟可以做多少次开合跳。你可以通过练习来做得更好吗？

当你知道购物时要付多少钱……钱

你可以跟孩子布置一个游戏小商店，给每件物品标上价格。使用真正的纸币和硬币，看他们是否可以按钱的面值从小到大进行排序。利用“凑十法”可以帮助他们快速心算。

当你用大象的耳朵装金子……估算质量与容量

比较物体是孩子学习质量和容量的最佳方式。孩子可以用厨房里的秤来玩“更重还是更轻”的小游戏。用杯子在浴缸里玩水，用厨房里的锅和泥巴玩过家家，或者用水桶在海滩上玩耍，都可以探索这些概念。再次强调，使用正确的数学词汇，可以帮助孩子们很快建立起数学概念。

当月球上是正午时分……时间

了解时间的概念很复杂，因此可以通过在日常生活中，指出时钟指针的位置来引入这个概念，还可以玩计时游戏，或者用秒表来为赛跑计时，和孩子讨论世界各地的白天和黑夜。

当你能数一整年……无穷数

孩子很难想象一个很大的数字，比如一百万、十亿或是一万亿这样的大数字。一种方法是通过购买力来进行比较，例如，一辆汽车的价格大约相当于150辆自行车的价格，而一架战斗机的价格大约等于4000辆汽车的价格。与孩子讨论无穷大是一个有趣的话题——想象你能想到的最大的数字（比如1古戈尔，即1后面100个0），然后再加上1！

当你选择用多少面值的邮票……计算与数据

当你遇到问题时，往往数学和逻辑能够帮你找到解决方案。培养分析推理能力，有助于你决定需要进行哪些运算。给孩子足够的时间思考如何回答这部分的问题。

当你知道下雪的机会有多少……概率

可以把概率理解为某件事情发生的可能性有多大。实践活动是最好的入门方式。在一个袋子里放入三个红球和一个黑球。你最有可能摸出红球。你摸出黑球的概率是四分之一，可以用分数1/4或百分数25%来表示。

打着节拍，一起跺跺脚……节奏与音乐

音乐与曲调和节拍相关。听音乐和演奏乐器都会激发大脑功能，并且演奏乐器已被证明能够锻炼负责分析推理和复杂计算的大脑区域。所以分享音乐吧——因为这就是数学！

词汇表

加法（add）：计算出两个或者两个以上数字的总和，在算式中用符号“+”表示。

角（angle）

锐角（acute angle）：一个大于0°且小于90°的角。

钝角（obtuse angle）：一个角大于90°且小于180°的角。

直角（right angle）：一个角且正好是90°的角。

算数/四则运算（arithmetic）：数学的一种基础概念，关于数字的运算，包括加、减、乘、除。

容积/容量（capacity）：一个容器可以容纳最多的量。

直径（diameter）：连接圆周上的两点，并通过圆心构成的线段。

维度（dimension）：平面图形有两个维度（我们称为2D），即长和宽。可以装东西的立体形状有三个维度（3D），即长、宽、高。

除法（divide）：将一个数字或者一定数量的东西用一个数字去等分，用符号“÷”表示。

估算（estimating）：利用你知道的条件去推测一定的数量或价值。

分数（fraction）：表示整体中的一部分。

几何（geometry）：数学中最基本的研究内容之一，是研究形状、角、平面、线段和点的一门学科。

无穷大（infinity）：一个比你能想象的任何数字都要大的数。

长度（length）：从一端到另一端的距离（例如长方形较长的一边）。

乘法（multiply）：指将相同的数加起来的快捷方式。以符号“×”表示。

数字（number）

偶数（even number）：可以被2整除的数。

奇数（odd number）：不能被2整除的数。

质数（prime number）：只能被1和自己整除的数，1不是质数。

凑十法（number bonds to 10）：加起来为10的几对数字，如9＋1和8＋2。运用凑十法可以简化计算过程。

概率（probability）：一件事发生的可能性。

减去（subtract）：当你从一个数字里减去一个数字，用符号“－”表示。

对称（symmetry）：当你画或者想象一条直线穿过一个形状的中间，这条线一边跟另一边完全一致。

温度（temperature）：一个物品有多热或多冷，以摄氏度来计量，用符号“℃”表示。

附近（vicinity）：在什么附近，不是很远。

体积（volume）：物体所占据的空间大小。

重量（weight）：一个物体有多重。

宽度（width）：从一边到另一边的长度（例如长方形较短的一边）。